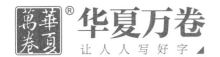

# 田英章楷书

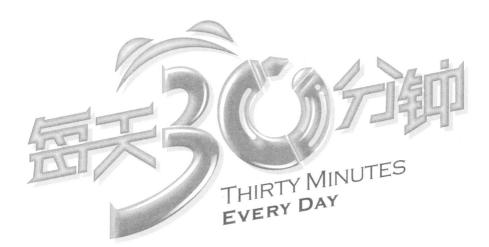

THIRTY MINUTES
EVERY DAY

田英章 书

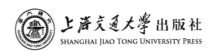

上海交通大学 出版社
SHANGHAI JIAO TONG UNIVERSITY PRESS

图书在版编目（CIP）数据

田英章楷书每天30分钟 / 田英章书. —上海：
上海交通大学出版社，2014
（字霸万卷）
ISBN 978-7-313-10530-1

Ⅰ.①田… Ⅱ.①田… Ⅲ.①钢笔字—楷书—字帖
Ⅳ.①J292.12

中国版本图书馆 CIP 数据核字（2014）第 100827 号

田英章楷书每天 30 分钟
TIAN YINGZHANG KAISHU MEITIAN 30 FENZHONG

作　者：田英章

出版发行：上海交通大学出版社　　　　　　地　址：上海市番禺路 951 号
邮政编码：200030　　　　　　　　　　　电　话：021-64071208
印　刷：成都市火炬印务有限公司　　　　　经　销：全国新华书店
开　本：787mm×1092mm　1/16　　　　　印　张：9
字　数：72 千字
版　次：2014 年 9 月第 1 版　　　　　　印　次：2020 年 9 月第 14 次印刷
书　号：ISBN 978-7-313-10530-1
定　价：22.00 元

版权所有　侵权必究

全国服务热线：028-85939832

# 01 快速应用指南

自学指南，统领全局，让你胸有成竹。

突出显示，清晰明辨笔画、偏旁在字中的应用。

先学后练，磨刀不误砍柴工。

按时完成，好计划产生高效率。

先背临，再按页码索引，找到对应例字，检验所学，加深印象。

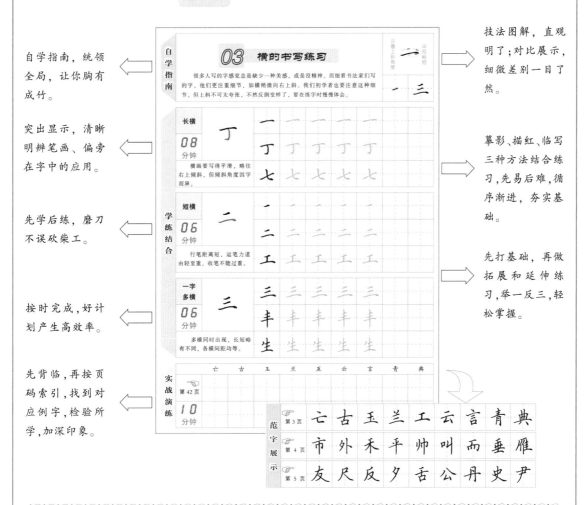

技法图解，直观明了；对比展示，细微差别一目了然。

摹影、描红、临写三种方法结合练习，先易后难，循序渐进，夯实基础。

先打基础，再做拓展和延伸练习，举一反三，轻松掌握。

---

## 练字六要点

1. **处理好临与摹的关系**。初学者由于自由书写已成习惯，在字形大小、笔画粗细、间架结构、用笔动作等各方面都与原帖存在很大的差距，应提倡多摹少临。

2. **定时**。能坚持每天临摹并保证足够的临摹时间，不可断断续续，时多时少。

3. **定量**。贪多求快，浮光掠影，达不到长期记忆的效果。临摹要取得好效果，定量很重要，宁少毋多，少则得，多则惑。提倡一个范字写十次，不提倡十个范字写一次。

4. **先慢后快**。书写动作由生到熟，先慢后快，熟能生巧。慢求稳，快易乱。

5. **注意调剂心情**。练字的时候要心平气和、善始善终。如果心平气和，则能静下心来认真练字；如果心烦意乱，沉不住气，则效果甚微。

6. **不要轻易变换字体**。练字要有恒心、有毅力，要持之以恒，切忌三天打鱼，两天晒网。

日照香炉生紫烟 遥看瀑布挂

前川飞流直下三千尺 疑是银

河落九天

李白诗望庐山瀑布 田英章学字

寒雨连江夜入吴平明送客楚

山孤洛阳亲友如相问一片冰

心在玉壶

王昌龄诗芙蓉楼送辛渐 田英章

# 02 基本线条练习

书法的魅力，从形式上来源于线条的组合变化。初学者要想快速练好钢笔字，就必须明白线条之间的关系，为此我们总结了以下几种线型练习，初学者可多加练习，以便能快速上手。

**直线练习**
　　分别以横向和竖向、等距和不等距、长和短这几方面进行练习，注意落笔位置要准确。

**斜线练习**
　　练习斜线有助于我们对点、撇、捺、挑等笔画的掌握，注意多以不同方向进行练习。

**曲线练习**
　　曲线练习，主要在于线条圆转的练习，转向要自然连贯。多以不同弧度进行练习。

**折线练习**
　　折线练习注意其转折为方，在楷书中应用较多。多以折角的方向、大小方面进行练习。

滚滚长江东逝水浪花

淘尽英雄是非成败转

头空青山依旧在几度

夕阳红白发渔樵江渚

上惯看秋月春风一壶

浊酒喜相逢古今多少

事都付笑谈中

杨慎临江仙词丙戌仲夏田英章

寒蝉凄切对长亭晚

骤雨初歇都门帐饮

无绪留恋处兰舟催

发执手相看泪眼竟

无语凝噎念去去千

里烟波暮霭沉沉楚

天阔多情自古伤离

别更那堪冷落清秋

节今宵酒醒何处杨

柳岸晓风残月此去

经年应是良辰美景

虚设便纵有千种风

情更与何人说

丙戌仲夏之望英章闲笔

自学指南

# 03 横的书写练习

很多人写的字感觉总是缺少一种美感，或是没精神。而细看书法家们写的字，他们更注重细节，如横稍微向右上斜。我们初学者也要注意这种细节，但上斜不可太夸张，不然反倒变样了，要在练字时慢慢体会。

注意上斜角度　中间稍细

一　三

学练结合

| 长横 08 分钟 | 丁 | 一 | 一 | 一 | 一 | 一 |
| | | 丁 | 丁 | 丁 | 丁 | 丁 |

横画要写得平滑，略往右上倾斜，但倾斜角度因字而异。

七

| 短横 06 分钟 | 二 | 一 | 一 | 一 | 一 | 一 |
| | | 二 | 二 | 二 | 二 | 二 |

行笔距离短，运笔力道由轻至重，收笔不能过重。

工

| 一字 多横 06 分钟 | 三 | 三 | 三 | 三 | 三 | 三 |
| | | 丰 | 丰 | 丰 | 丰 | 丰 |

多横同时出现，长短略有不同，各横间距均等。

生

实战演练

| 亡 | 古 | 玉 | 兰 | 互 | 云 | 言 | 青 | 典 |
|---|---|---|---|---|---|---|---|---|

☞ 第42页

10 分钟

开始时间：＿＿＿＿＿＿　结束时间：＿＿＿＿＿＿

范字展示

| 第31页 | 闭 | 闪 | 闾 | 网 | 罔 | 岗 | 困 | 国 | 图 |
|---|---|---|---|---|---|---|---|---|---|
| 第32页 | 巨 | 匹 | 匠 | 旬 | 匀 | 勿 | 勾 | 幽 | 齿 |
| 第33页 | 厄 | 厕 | 厚 | 座 | 库 | 席 | 疗 | 疤 | 疯 |
| 第34页 | 透 | 逊 | 迹 | 廷 | 挺 | 庭 | 赶 | 赴 | 趔 |
| 第35页 | 挽 | 耻 | 俱 | 剂 | 副 | 额 | 新 | 颠 | 郁 |
| 第36页 | 坡 | 岭 | 矿 | 唱 | 蛛 | 虹 | 职 | 粒 | 舶 |
| 第37页 | 赏 | 臂 | 章 | 贵 | 肾 | 衷 | 耍 | 毒 | 轰 |
| 第38页 | 物 | 须 | 夏 | 遂 | 退 | 凑 | 虎 | 饱 | 赞 |
| 第39页 | 月 | 片 | 肴 | 甘 | 吐 | 立 | 抛 | 滋 | 絮 |
| 第40页 | 竹 | 比 | 朋 | 哥 | 吕 | 圭 | 鑫 | 淼 | 矗 |

## 自学指南

稍顿起笔
呈露珠状
垂直下行

# 04 竖的书写练习

　　竖在字中起支柱作用，与横画相配合形成字的骨架，竖不直则字不正。运笔方向是从上往下垂直运笔。关键是"竖要直"，竖直并不仅仅是"垂直"的意思，更要体现挺拔的意思。

丨 川

## 学练结合

| 垂露竖 **08** 分钟 | 川 | 丨 | 丨 | 丨 | 丨 | 丨 |
| | | 川 | 川 | 川 | 川 | 川 |
| 收笔呈露珠状，书写时一定要注意控制笔势的走向，使其竖直不弯曲。 | | 木 | 木 | 木 | 木 | 木 |
| 悬针竖 **06** 分钟 | 个 | 丨 | 丨 | 丨 | 丨 | 丨 |
| | | 个 | 个 | 个 | 个 | 个 |
| 稍顿起笔，然后垂直下行，收笔要出尖，其整体像一根细长的针。 | | 升 | 升 | 升 | 升 | 升 |
| 一字多竖 **06** 分钟 | 州 | 州 | 州 | 州 | 州 | |
| | | 顺 | 顺 | 顺 | 顺 | |
| 多竖并存书写时对不同的竖采取多样化的处理，如长短、曲直、高低等变化。 | | 丽 | 丽 | 丽 | 丽 | |

## 实战演练

| | 市 | 外 | 禾 | 平 | 帅 | 叫 | 而 | 垂 | 雁 |
|---|---|---|---|---|---|---|---|---|---|

第 42 页

**10** 分钟

| 第16页 | 犬 | 存 | 厅 | 产 | 步 | 亥 | 什 | 斗 | 巫 |
| 第18页 | 害 | 宵 | 家 | 冗 | 冤 | 冠 | 究 | 窕 | 窗 |
| 第19页 | 偿 | 份 | 做 | 待 | 街 | 征 | 社 | 祥 | 神 |
| 第20页 | 冻 | 冯 | 冶 | 法 | 洁 | 汁 | 然 | 焦 | 照 |
| 第21页 | 阴 | 阿 | 随 | 郊 | 邦 | 郎 | 部 | 卸 | 即 |
| 第22页 | 肢 | 肤 | 肺 | 期 | 棚 | 糊 | 骨 | 脊 | 膏 |
| 第23页 | 档 | 检 | 楼 | 查 | 杳 | 某 | 荣 | 桌 | 架 |
| 第24页 | 粉 | 粑 | 糠 | 籽 | 料 | 粪 | 粼 | 糜 | 粱 |
| 第25页 | 晌 | 昨 | 暗 | 晃 | 早 | 显 | 旨 | 曾 | 晋 |
| 第26页 | 填 | 塌 | 垮 | 幸 | 去 | 老 | 陛 | 坚 | 尘 |
| 第27页 | 烽 | 炸 | 炝 | 轻 | 轨 | 辅 | 怡 | 怀 | 恨 |
| 第28页 | 萧 | 花 | 菜 | 等 | 笠 | 答 | 充 | 衣 | 高 |
| 第29页 | 各 | 条 | 务 | 秦 | 奉 | 春 | 斧 | 釜 | 爹 |
| 第30页 | 忍 | 恋 | 总 | 益 | 盗 | 盛 | 姜 | 妻 | 娶 |

范字展示

## 05 撇的书写练习

注意流畅 略带弧度

撇和捺像人的双臂，对字起着稳定和修饰作用。撇画行笔时要注意由重到轻，稍带弧度，但切忌过弯。撇的种类较多，一定要写得伸展大方，笔势流畅，切忌拖泥带水。

**自学指南**

**学练结合**

**斜撇 08 分钟**

斜撇起笔较重，由重到轻向左下行笔，撇尾出尖，要写得舒展大方。

少 龙

**短撇 06 分钟**

短撇整体短小，角度不宜大，其倾斜角度和长度因字而异。

天 毛

**竖撇 06 分钟**

整个笔画分为两段，一段为竖，一段为撇，注意竖和撇的过渡要自然。

火 失

**实战演练**

友 尺 反 夕 舌 公 丹 史 尹

第 42 页

**10 分钟**

## 范字展示

　　下面范字是针对"实战演练"栏目进行的行楷书写展示，读者朋友可以根据页码索引，在"实战演练"中一一对应，作为书写参考，纠正自己的写法。

范字展示

| 第3页 | 亡 | 古 | 玉 | 兰 | 互 | 云 | 言 | 青 | 典 |
| --- | --- | --- | --- | --- | --- | --- | --- | --- | --- |
| 第4页 | 市 | 外 | 禾 | 平 | 帅 | 叫 | 而 | 垂 | 雁 |
| 第5页 | 友 | 尺 | 反 | 夕 | 舌 | 公 | 丹 | 史 | 尹 |
| 第6页 | 入 | 低 | 皮 | 爪 | 仓 | 眨 | 返 | 否 | 还 |
| 第7页 | 白 | 丑 | 页 | 幽 | 世 | 母 | 至 | 参 | 丝 |
| 第8页 | 把 | 地 | 冻 | 沈 | 将 | 以 | 低 | 钩 | 底 |
| 第9页 | 戈 | 成 | 划 | 胥 | 卖 | 空 | 刚 | 打 | 寺 |
| 第10页 | 充 | 兵 | 亦 | 办 | 京 | 乐 | 米 | 兴 | 美 |
| 第11页 | 极 | 复 | 名 | 取 | 板 | 记 | 订 | 让 | 谈 |
| 第12页 | 奶 | 仍 | 同 | 间 | 肉 | 闲 | 气 | 丸 | 仇 |
| 第13页 | 妹 | 娟 | 妨 | 写 | 鸟 | 弘 | 限 | 际 | 那 |
| 第14页 | 止 | 丘 | 韦 | 杀 | 灭 | 企 | 永 | 成 | 咸 |

自学指南

## 06 捺的书写练习

捺画在字的右边，与撇画一样，在字中起修饰的作用。行笔由轻到重，到捺脚处转向水平出锋。粗细分明，运笔轻重多变。书写难度较大，应重点练习。

行笔至此方向改变

学练结合

| 斜捺 08 分钟 | 八 | ㇏ | ㇏ | ㇏ | ㇏ | ㇏ |
| --- | --- | --- | --- | --- | --- | --- |
| | 八 | 八 | 八 | 八 | 八 | |
| 倾斜角度约45度，到捺脚处顿笔，然后向右水平方向出尖收笔。 | 处 | 处 | 处 | 处 | 处 | |

| 平捺 06 分钟 | 之 | ㇏ | ㇏ | ㇏ | ㇏ | ㇏ |
| --- | --- | --- | --- | --- | --- | --- |
| | 之 | 之 | 之 | 之 | 之 | |
| 起笔后水平向右，倾斜角度较小，逐渐用力，至捺脚处稍顿，平挑出尖。 | 乏 | 乏 | 乏 | 乏 | 乏 | |

| 反捺 06 分钟 | 不 | ㇏ | ㇏ | ㇏ | ㇏ | ㇏ |
| --- | --- | --- | --- | --- | --- | --- |
| | 不 | 不 | 不 | 不 | 不 | |
| 一字之中有多捺同时出现时，作为捺的变体而存在。由轻到重，末笔稍顿。 | 食 | 食 | 食 | 食 | 食 | |

实战演练

| | 入 | 瓜 | 皮 | 爪 | 仓 | 眨 | 返 | 否 | 还 |
| --- | --- | --- | --- | --- | --- | --- | --- | --- | --- |
| 👉 第42页 10 分钟 | | | | | | | | | |

**自学指南**

## 41 学会布局全篇

怎样才能把单个字、整篇字写得既均匀，又结构严谨呢？在刚开始练字之时可以利用田字格帮我们把握字形、结构，但是在日常生活中，我们更多地是在横线上或白纸上书写，所以在提笔时就要想到整行、整篇的布局。一行之中，字与字之间要保留一定的间距。其次，书写时注意字与字之间的位置，保证左右在一条直线上，有一定的整齐度，整篇字的面貌才显得焕然一新。

**实战演练**

人生短暂，匆匆数十年，所谓的烦恼也不过是每个人都要经历和体会的过程。若是能俯瞰人生，你会发现每个人的烦恼其实大同小异，不同的是，有人坚持，有人退却。克服困难的决心并不是人人都有，当你自认为面对绝境准备退缩时，勇敢者却毅然直上。困难就像是一堵墙，虽然高却不代表不能翻越，勇敢者会找寻出路：或飞越或绕行或是攀爬，最终总能跨过去。

# 07 折的书写练习

**自学指南**

横笔由轻到重　稍旺折笔左下行

折画要写得有力，转折处有棱角，折角宜方不宜圆。但也不能为了突出棱角而在转角处加大顿笔力度，这样反而不美。

**学练结合**

| 横折 08分钟 | 口 | フ | フ | フ | フ | フ |
| --- | --- | --- | --- | --- | --- | --- |
| | | 口 | 口 | 口 | 口 | 口 |
| 横折的横要平，竖要直，折角适度，一笔写成，中间不可间断。 | 田 | 田 | 田 | 田 | 田 | |

| 竖折 06分钟 | 医 | ㄴ | ㄴ | ㄴ | ㄴ | ㄴ |
| --- | --- | --- | --- | --- | --- | --- |
| | | 医 | 医 | 医 | 医 | |
| 注意竖和横的转换，竖因字的不同而长短各异。 | 山 | 山 | 山 | 山 | 山 | |

| 撇折 06分钟 | 台 | ㄥ | ㄥ | ㄥ | ㄥ | ㄥ |
| --- | --- | --- | --- | --- | --- | --- |
| | | 台 | 台 | 台 | 台 | |
| 先写短撇，再折向右上写提，注意折处要顿笔，收笔要出尖。 | 丢 | 丢 | 丢 | 丢 | 丢 | |

**实战演练**

| | 白 | 丑 | 页 | 幽 | 世 | 母 | 至 | 参 | 丝 |
| --- | --- | --- | --- | --- | --- | --- | --- | --- | --- |

第42页 10分钟

# 40 相同部件写法不同

有些字是由相同部件组成的，如两个"又"字组成"双"、三个"日"字组成的日晶，相同部件在书写时要有细微变化，不能写得一模一样，不然整个字就缺少了灵动之感，自然就不美了。

自学指南

学练结合

| 左右同体 08分钟 | 双 | 双 | 双 | 双 | 双 | |
| | 林 | 林 | 林 | 林 | 林 | |
| 一字由两个相同部件并列组合而成时，左侧略小，笔画收敛，右侧略大于左侧。 | 羽 | 羽 | 羽 | 羽 | 羽 | |

| 上下同形 06分钟 | 炎 | 炎 | 炎 | 炎 | 炎 | |
| | 多 | 多 | 多 | 多 | 多 | |
| 相同部件上下叠加时，部件的大小、形态要合理变化，使之多样化。 | 昌 | 昌 | 昌 | 昌 | 昌 | |

| 品字结构 06分钟 | 品 | 品 | 品 | 品 | 品 | |
| | 晶 | 晶 | 晶 | 晶 | 晶 | |
| 一字由三个相同部件组成时，注意多样化的处理，上承下载，上呼下应。 | 森 | 森 | 森 | 森 | 森 | |

实战演练

| 竹 | 比 | 朋 | 哥 | 吕 | 圭 | 鑫 | 森 | 蟲 |
|---|---|---|---|---|---|---|---|---|
| | | | | | | | | |

第44页

10分钟

开始时间：_____  结束时间：_____

## 08 提的书写练习

自学指南

起笔稍顿 转向提笔

提的变化较少，其方向自左下到右上，长短因字而异。写提画时最重要的是行笔要快，要把力一直运到提尖，要写得刚劲有力。

**学练结合**

**提**

**08 分钟**

叼

提画在不同的字中角度和长短略有不同，书写时应该注意区别。

叼 叼 叼 叼

如 如 如 如 如

**竖提**

**06 分钟**

长

竖画长短因字而异，到适当位置处顿笔向右上写斜提，一笔写成。

长 长 长 长

民 民 民 民 民

**实战演练**

| 把 | 地 | 冻 | 沈 | 将 | 以 | 低 | 钩 | 底 |
|---|---|---|---|---|---|---|---|---|
| | | | | | | | | |

第 42 页

**16 分钟**

我们每个人的智商都与所谓的"天才"相当。科学研究表明，成功与否并非取决于是否够聪明。

自学指南

## 39　因字随形

汉字的数量很多，字形结构比较复杂，我们在书写时要因字随形，根据字笔画的多少、长短合理安排。

学练结合

| 字长不短 08 分钟 | 申 | 申 | 申 | 申 | 申 |
| | 身 | 身 | 身 | 身 | 身 |
| 字形较长的字不可将其压扁，要把纵向笔画写得舒展大方。 | 自 | 自 | 自 | 自 | 自 |
| 扁字求实 06 分钟 | 四 | 四 | 四 | 四 | 四 |
| | 血 | 血 | 血 | 血 | 血 |
| 形状略扁的字要注意扁而不肥，要丰实挺秀。 | 而 | 而 | 而 | 而 | 而 |
| 画密应匀 06 分钟 | 雀 | 雀 | 雀 | 雀 | 雀 |
| | 爽 | 爽 | 爽 | 爽 | 爽 |
| 笔画较多的字每笔要写得小巧、匀称，布白均匀。 | 雁 | 雁 | 雁 | 雁 | 雁 |

实战演练

| 月 | 片 | 肴 | 甘 | 吐 | 立 | 抛 | 滋 | 絮 |
|---|---|---|---|---|---|---|---|---|

☞ 第 44 页

10 分钟

**自学指南**

注意角度、方向
略带弧度
忌直行

# 09 钩的书写练习

　　钩并不是一种独立的笔画，它必须依附在横、竖等其他笔画上。钩本身必须短小精悍，要斩钉截铁，切忌漫不经心、软弱无力。俗话说"铁画银钩"，就是强调钩的力感。

**学练结合**

| 斜钩 08 分钟 | 我 我 武 | | | | |
|---|---|---|---|---|---|

　　下笔稍重，向右下呈弧形行笔，到起钩处向上出钩。

| 横钩 06 分钟 | 买 买 宝 | | | | |
|---|---|---|---|---|---|

　　起笔写横，到横末端顿笔向左下轻快出钩，注意出钩不宜太大。

| 竖钩 06 分钟 | 可 可 寸 | | | | |
|---|---|---|---|---|---|

　　上部竖画较直，竖末稍顿笔向左上出钩，出尖收笔，钩的尖角约为 45 度。

**实战演练**

| 戈 | 成 | 划 | 骨 | 卖 | 空 | 刚 | 打 | 寺 |
|---|---|---|---|---|---|---|---|---|

☞ 第 42 页

10 分钟

**自学指南**

# 38 相同笔画勿雷同

　　同一个笔画经常同时出现在同一个字中，当这种情况出现时应使相同笔画在合理的范围内作一些变化。前面讲横和竖时讲了一字多横和一字多竖的处理方法，今天我们来学习一下一字中重撇、重捺、重钩的处理方法。

**学练结合**

| 重撇 **08** 分钟 | 象 彰 修 | | | | |
|---|---|---|---|---|---|

撇与撇的间距应基本相等，但撇尖角度和指向要不同，长短变化，显得错落有致。

| 重捺 **06** 分钟 | 炙 餐 痰 | | | | |
|---|---|---|---|---|---|

两捺同时并存，一般要将一个捺画化减，保留起关键作用的捺画。

| 重钩 **06** 分钟 | 也 它 勉 | | | | |
|---|---|---|---|---|---|

一个字中出现多个钩时，一般情况下钩画需要化减，或者一主一辅，有所区别。

**实战演练**

☞ 第 44 页

**10** 分钟

| 物 | 须 | 夏 | 遂 | 退 | 凑 | 虎 | 饱 | 赞 |
|---|---|---|---|---|---|---|---|---|

开始时间：＿＿＿＿＿＿　　结束时间：＿＿＿＿＿＿

**自学指南**

# 10 点的书写练习

　　点是字中最小的"零件"，在字中起画龙点睛的作用。点因其所处位置不同而形态各异，应根据它在字中的位置和字形来决定其写法。点画虽小但不可小视，应多加练习。

**学练结合**

**右点**

**08分钟**

冬　六

　　写点不能重描，要一笔写成，但也不可笔尖一着纸就收笔，不然会显得轻飘。

**左点**

**06分钟**

小　尔

　　由轻到重，点末可有略向右上出锋的笔势。

**撇点**

**06分钟**

羊　关

　　下笔较重，转笔向左下用力撇出，一般与挑点相对而用。

**实战演练**

☞ 第 42 页

**10分钟**

| 充 | 兵 | 亦 | 办 | 京 | 乐 | 米 | 兴 | 美 |
|---|---|---|---|---|---|---|---|---|
|  |  |  |  |  |  |  |  |  |

自学指南

## 37 上下宽窄得当，比例协调

上下结构的汉字，要么上宽下窄，要么上窄下宽。"宽"是指要写得飘逸洒脱，"窄"是指笔画要写得相对收敛。"上宽下窄"的形式也称为"天覆结构"，"上窄下宽"的形式也称为"地载结构"。

学练结合

| 上宽下窄 08 分钟 | 贫 | 贫 | 贫 | 贫 | 贫 | 贫 |
| | 剪 | 剪 | 剪 | 剪 | 剪 | 剪 |
| 上部有横向笔画时，应写得伸展大方，下部笔画较收敛。 | 势 | 势 | 势 | 势 | 势 | |

| 上窄下宽 06 分钟 | 葬 | 葬 | 葬 | 葬 | 葬 | 葬 |
| | 宴 | 宴 | 宴 | 宴 | 宴 | 宴 |
| 书写上下部分时上收下展，主次分明，要相互避让。 | 翼 | 翼 | 翼 | 翼 | 翼 | |

| 赏 | 臂 | 章 | 贵 | 肾 | 哀 | 耍 | 毒 | 轰 |
|---|---|---|---|---|---|---|---|---|

第 44 页

16 分钟

生活的艺术是知道何时抓紧、何时放手，因为生活自相矛盾：它赐给我们很多礼物，最终会一一收回。

**自学指南**

# 11 组合笔画的书写练习(一)

上紧下松略无倾

组合笔画,顾名思义是由基本笔画组合而成。在学习这些组合笔画时要注意观察笔画的衔接处以及笔画的长短分配,保证各个部分的比例要协调。

**学练结合**

| 横折折撇 08 分钟 | 及 | 吸 |
|---|---|---|

横略上仰,横折要短,撇画下长,整体要斜而不倒。

| 横撇 06 分钟 | 又 | 皮 |
|---|---|---|

横画短于撇画,横可略上斜,横与撇的转折处过渡要自然。

| 横折提 06 分钟 | 说 | 语 |
|---|---|---|

横短上仰,上折角宜方,下部夹角要紧,提锋不宜过长。

**实战演练**

| 极 | 复 | 名 | 取 | 板 | 记 | 订 | 让 | 谈 |
|---|---|---|---|---|---|---|---|---|

第 42 页

10 分钟

## 自学指南

# 36 左右大小不同,位置有变化

左右两部分笔画的多少不一致,有的左边笔画少、结构简单,右边笔画多、结构复杂,这样左旁形状小,且要上提,居于左上位置。相反,左边笔画多或为上下伸展的,右边笔画少或为左右伸展的,这样右边要略往下落。

## 学练结合

| 左小右大 08 分钟 | 咱 | 咱 | 咱 | 咱 | 咱 | |
|---|---|---|---|---|---|---|
| | 旷 | 旷 | 旷 | 旷 | 旷 | |
| 左边是"口"、"日"、"土"、"石"、"山"等短偏旁的字,几乎都是左小右大。 | 端 | 端 | 端 | 端 | 端 | |
| 左大右小 06 分钟 | 和 | 和 | 和 | 和 | 和 | |
| | 知 | 知 | 知 | 知 | 知 | |
| 右边是"口""土""工"等短偏旁的字,一般是左大右小。 | 红 | 红 | 红 | 红 | 红 | |

## 实战演练

| | 坡 | 岭 | 矿 | 唱 | 蛛 | 虹 | 职 | 粒 | 舶 |
|---|---|---|---|---|---|---|---|---|---|
| 第 44 页 16 分钟 | | | | | | | | | |

没有知识的人总爱议论别人

无知,知识丰富的人时时发现自

己无知。

自学指南

**12** 组合笔画的书写练习(二)

斜而不倒

3 丁 乙

组合笔画虽然是由基本笔画组成,但也不能生硬地照搬。组合笔画之间的衔接要自然大方,尤其是弯和折的地方更要注意。折画有的圆转,有的方折,应视不同的书写需要而有所变化。

学练结合

| 横折折折钩 **08** 分钟 | 乃 | | | | |
|---|---|---|---|---|---|
| | | 3 | 3 | 3 | 3 |
| | | 乃 | 乃 | 乃 | 乃 |

整体上紧下松,短横略上抑,形斜意正,注意与字中其他笔画的配合。

| | 扔 | 扔 | 扔 | 扔 |
|---|---|---|---|---|

| 横折钩 **06** 分钟 | 司 | | | | |
|---|---|---|---|---|---|
| | | 丁 | 丁 | 丁 | 丁 |
| | | 司 | 司 | 司 | 司 |

折角宜方,竖画略内收,出钩勿长。

| | 冈 | 冈 | 冈 | 冈 |
|---|---|---|---|---|

| 横折弯钩 **06** 分钟 | 九 | | | | |
|---|---|---|---|---|---|
| | | 乙 | 乙 | 乙 | 乙 |
| | | 九 | 九 | 九 | 九 |

横略上仰,弯钩是重点,竖弯略向左斜,弯钩适当舒展。

| | 乙 | 乙 | 乙 | 乙 |
|---|---|---|---|---|

实战演练

| 奶 | 仍 | 同 | 间 | 肉 | 闲 | 气 | 九 | 仇 |
|---|---|---|---|---|---|---|---|---|
| | | | | | | | | |

第 42 页

**10** 分钟

## 自学指南

# 35 左右宽窄得当，收放自如

左右结构的字占汉字总数的 65%左右，掌握好这一类型汉字的结构特点很重要。而左右结构的字中，以左窄右宽的字居多，其次为左宽右窄，再者为左右均等。掌握这部分字的配比占位就能写好大部分汉字了。

## 学练结合

| 左窄右宽 08分钟 | 俊 | 俊 | 俊 | 俊 | 俊 |
| | 恨 | 恨 | 恨 | 恨 | 恨 |
| 写左窄右宽的字，左边收敛，右边舒展，以使左右部分互补协调。 | 协 | 协 | 协 | 协 | 协 |
| 左宽右窄 06分钟 | 剑 | 剑 | 剑 | 剑 | 剑 |
| | 勤 | 勤 | 勤 | 勤 | 勤 |
| 左边笔画较多，所占位置较大，为字的主体，右边笔画少占位较小。 | 敬 | 敬 | 敬 | 敬 | 敬 |
| 左右均等 06分钟 | 朗 | 朗 | 朗 | 朗 | 朗 |
| | 韵 | 韵 | 韵 | 韵 | 韵 |
| 左右两部分大小接近、高低对等、宽窄平分。 | 帖 | 帖 | 帖 | 帖 | 帖 |

## 实战演练

| | 挽 | 耻 | 俱 | 剂 | 副 | 额 | 新 | 颠 | 郁 |
| --- | --- | --- | --- | --- | --- | --- | --- | --- | --- |
| 第 44 页 10分钟 | | | | | | | | | |

自学指南

## 13 组合笔画的书写练习（三）

注意重心平稳

有些组合笔画是字的主体，如竖折折钩这种较为复杂的笔画，或者有多个转折的笔画，都要注意与其他笔画的搭配。

学练结合

| 撇折点 08 分钟 | 女 女 好 | 人 女 好 | | | |
|---|---|---|---|---|---|

两头较粗，形稍左倾，夹角较大，注意整个笔画在字中要平稳。

| 竖折折钩 06 分钟 | 与 | 与 与 马 | | | |
|---|---|---|---|---|---|

竖画略向左倾，上折角宜方，下折角宜圆，钩尖指向字心。

| 横撇弯钩 06 分钟 | 队 | ⻖ 队 阵 | | | |
|---|---|---|---|---|---|

短横略上斜，上部横折角度宜小，转笔勿僵硬。

实战演练

| | 妹 | 娟 | 妨 | 写 | 鸟 | 弘 | 限 | 际 | 那 |
|---|---|---|---|---|---|---|---|---|---|

第 42 页

10 分钟

## 自学指南

**34 左下包右上应底部舒展**

平捺伸展
一波三折

走之底、建字底、走字底组合的字都属于半包围结构中左下包右上的类型。书写这类型的字时，要把平捺写得舒展，一波三折，略长以托上部。其次，被包围部分右边不能超出平捺。

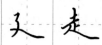

---

## 学练结合

**走之底**

**08 分钟**

达

点与横折折撇的折角相对，捺画伸展托住上部。

辶 辶 辶 辶 辶
达 达 达 达 达
过 过 过 过 过

---

**建字底**

**06 分钟**

建

横折折撇取纵势，平捺交于下撇的中部，且伸展。

廴 廴 廴 廴 廴
建 建 建 建 建
延 延 延 延 延

---

**走字底**

**06 分钟**

赵

上面"土"部较斜，上下两竖画直对，撇短，平捺长且伸展。

走 走 走 走 走
赵 赵 赵 赵 赵
起 起 起 起 起

---

## 实战演练

**第 44 页**

**10 分钟**

| 透 | 逊 | 迹 | 廷 | 挺 | 庭 | 赶 | 赴 | 赳 |
|---|---|---|---|---|---|---|---|---|
| | | | | | | | | |

---

# 14 写好字中的主笔

**自学指南**

　　一个字中最出彩的笔画就叫做"主笔"，也是点睛之笔。每个汉字中一般都有主笔，在字中起平衡左右、稳定重心的作用。与主笔相对的被称为"次笔"，次笔应让位于主笔，并只能烘云托月，起突出主笔的作用。一个字主笔突出了，就有了主次，有了节奏，有了美感。

**学练结合**

| 横或竖为主笔 **08**分钟 | 旦 | 旦 | 旦 | 旦 | 旦 |
| | 册 | 册 | 册 | 册 | 册 |
| | 共 | 共 | 共 | 共 | 共 |

　　横画应尽可能写得舒展，竖在中心垂线上，起支撑作用，不能倾斜。

| 撇或捺为主笔 **06**分钟 | 奈 | 奈 | 奈 | 奈 | 奈 |
| | 入 | 入 | 入 | 入 | 入 |
| | 义 | 义 | 义 | 义 | 义 |

　　撇捺伸展，使字形均衡平稳，撇宜流畅自然，捺宜饱满挺健。

| 钩画为主笔 **06**分钟 | 手 | 手 | 手 | 手 | 手 |
| | 曳 | 曳 | 曳 | 曳 | 曳 |
| | 戍 | 戍 | 戍 | 戍 | 戍 |

　　一般竖钩和斜钩在字中起主笔作用，都要伸展大方，注意出钩方向。

**实战演练**

| 止 | 丘 | 韦 | 杀 | 灭 | 企 | 永 | 戍 | 咸 |
|---|---|---|---|---|---|---|---|---|
| | | | | | | | | |

☞ 第 42 页

**10**分钟

开始时间：＿＿＿＿＿＿　　结束时间：＿＿＿＿＿＿

**自学指南**

## 33 左上包右下应下部偏右

字的中轴线
横短稍上仰
撇长
厂
广 疒

厂字头、广字头、病字头组合的字属于左上包右下结构类型。书写这一类型的字时，下部应在整个字中心稍偏右的位置，切忌离部首过远。

**学练结合**

| 厂字头 08分钟 | 历 | 厂 | 厂 | 厂 | 厂 | 厂 |
| | | 历 | 历 | 历 | 历 | 历 |
| | | 厅 | 厅 | 厅 | 厅 | 厅 |

横短稍上仰，撇画舒展，一般横与撇不实接。

| 广字头 06分钟 | 庄 | 广 | 广 | 广 | 广 | 广 |
| | | 庄 | 庄 | 庄 | 庄 | 庄 |
| | | 唐 | 唐 | 唐 | 唐 | 唐 |

首点居中，撇长有一定的弧度，与之搭配的被包部分稍偏右。

| 病字头 06分钟 | 病 | 疒 | 疒 | 疒 | 疒 | 疒 |
| | | 病 | 病 | 病 | 病 | 病 |
| | | 痛 | 痛 | 痛 | 痛 | 痛 |

注意书写笔顺和各点之间的区别。

**实战演练**

| 厄 | 厕 | 厚 | 座 | 库 | 席 | 疗 | 疤 | 疯 |
| --- | --- | --- | --- | --- | --- | --- | --- | --- |
| | | | | | | | | |

👉 第44页

10分钟

# 15 掌握基本的笔顺规则

组成字的各笔画之间都是有机联系的，有其先后顺序，要懂得笔顺规则，掌握字形的规律，写对笔顺才能提高书写速度。同时，笔顺是表现汉字美观的重要因素，也是汉字书写的重要基础，所以不容小视。有一些字的笔顺较特殊，需个别记忆。如点在正上方或左上方的要先写，如"门"；点在右上方的后写，如"成"；点在其他笔画里面的最后写，如"叉"。有横有竖的字，当竖不贯穿末横的时候，要先写竖，后写末横，如"土"。当右边的笔画比左边的笔画位置重要时，先写右边再写左边，如"力"、"万"等。

| 从上到下 06分钟 | 从一个字的上部写起，顺势往下写。一般来说，上下结构的字都要先写上面，再写下面。 | | | | | | |
|---|---|---|---|---|---|---|---|

| 从左到右 06分钟 | 从一个字的左边往右写。一般来说，左右结构的字要先写左边再写右边。 | | | | | | |
|---|---|---|---|---|---|---|---|

| 从外到内 06分钟 | 一般适用于少数独体字和一些半包围结构的字。先写外面的包围，再写里面被包围的部分。 | | | | | | |
|---|---|---|---|---|---|---|---|

| 先中间后两边 06分钟 | 当中间部分较长或较宽，左、右两边相对短小时，一般先写中间，再写两边。 | | | | | | |
|---|---|---|---|---|---|---|---|

| 先里头后封口 06分钟 | 全包围结构的字，要先写左、上、右三部分，再写里面的部分，最后写下面的横画封口。 | | | | | | |
|---|---|---|---|---|---|---|---|

## 自学指南

**32** 特殊字框的书写练习

区字框上横短，下横长，两横平行。句字框横折钩竖笔的倾斜角度要视框内部分的大小而定，若框内笔画少，竖笔宜斜，若框内笔画多，竖笔宜直。画字框的形态要上开下收，内部笔画宜上露。

| 区字框 **08** 分钟 | 区 | 匚 | 匚 | 匚 | 匚 | 匚 |
| 左上角一般不封口，下横要长于内包部分。 | | 区 | 区 | 区 | 区 | 区 |
| | 医 | 医 | 医 | 医 | 医 | 医 |

## 学练结合

| 句字框 **06** 分钟 | 句 | 勹 | 勹 | 勹 | 勹 | 勹 |
| 框内部分稍居左上方，注意与上撇的距离，横折钩的出钩方向指向字心。 | | 句 | 句 | 句 | 句 | 句 |
| | 甸 | 甸 | 甸 | 甸 | 甸 | 甸 |

| 画字框 **06** 分钟 | 画 | 凵 | 凵 | 凵 | 凵 | 凵 |
| 两竖左短右长，框形上开下收，注意上下两部分的中心对正。 | | 画 | 画 | 画 | 画 | 画 |
| | 凶 | 凶 | 凶 | 凶 | 凶 | 凶 |

## 实战演练

| 巨 | 匹 | 叵 | 甸 | 匀 | 勿 | 勾 | 幽 | 齿 |
|---|---|---|---|---|---|---|---|---|
| | | | | | | | | |

第 44 页 **10** 分钟

# 16 笔画间要互相谦让

自学指南

一个字美观与否，一要看构成字的笔画写得怎么样，二要看各个笔画间的搭配是否合理。在一个字中各个笔画之间要取长补短，互谦互让，不争位抢位，做到合理布局。

学练结合

| 横短撇捺长 08分钟 | 左 | 左 | 左 | 左 | 左 |
| --- | --- | --- | --- | --- | --- |
| | 夺 | 夺 | 夺 | 夺 | 夺 |
| 横画较短时，撇捺方可伸展，分出主次。 | 齐 | 齐 | 齐 | 齐 | 齐 |

| 横长撇捺短 06分钟 | 右 | 右 | 右 | 右 | 右 |
| --- | --- | --- | --- | --- | --- |
| | 有 | 有 | 有 | 有 | 有 |
| 一个字中横与撇捺共存时，如果横画较长，撇捺应收敛。 | 布 | 布 | 布 | 布 | 布 |

| 横竖勿同长 06分钟 | 上 | 上 | 上 | 上 | 上 |
| --- | --- | --- | --- | --- | --- |
| | 十 | 十 | 十 | 十 | 十 |
| 同一个字中有横有竖时，横竖的长短应有取舍。横长竖画宜收，横短竖可长。 | 平 | 平 | 平 | 平 | 平 |

实战演练

👉 第43页

10分钟

| 犬 | 存 | 厅 | 产 | 步 | 亥 | 什 | 斗 | 巫 |
| --- | --- | --- | --- | --- | --- | --- | --- | --- |
| | | | | | | | | |

## 自学指南

# 31 框形方正，内外协调

右竖稍长框形方正
①③
左竖短 ②
门

门 口

门字框、同字框、国字框都应写成长方形，宜上下等宽。框内部分不宜过大，且位置稍靠上，四周留白，切忌上部留空太多。

## 学练结合

### 门字框

**08** 分钟

问

左竖短，右竖钩稍长，注意书写笔顺，先写左上点。

门 门 门 门 门

问 问 问 问 问

闻 闻 闻 闻 闻

### 同字框

**06** 分钟

同

左竖稍短，右侧的竖钩略长于右竖，转折有力。

门 门 门 门 门

同 同 同 同 同

冈 冈 冈 冈 冈

### 国字框

**06** 分钟

团

注意两横长短一样，两竖画右竖要长于左竖，这样整体才不会显得死板。

口 口 口 口 口

团 团 团 团 团

围 围 围 围 围

## 实战演练

👉 第 44 页

**10** 分钟

| 闭 | 闪 | 间 | 网 | 冈 | 岗 | 困 | 国 | 图 |
|---|---|---|---|---|---|---|---|---|
|   |   |   |   |   |   |   |   |   |

## *17* 独体字综合练习

**自学指南**

　　独体字笔画少，看似简单却不容易写好。结合前面学习的内容，下面来着重练习一下独体字，因为写好独体字对于以后偏旁部首的学习至关重要。

**综合练习**

| 帀 | 尺 | 出 | 斤 | 匆 | 车 | 乘 | 重 | 垂 | 电 |
| 东 | 更 | 耳 | 凡 | 父 | 弓 | 瓜 | 果 | 了 | 火 |
| 己 | 良 | 毛 | 内 | 甩 | 甲 | 两 | 农 | 毋 | 片 |
| 犬 | 且 | 世 | 由 | 乡 | 习 | 夕 | 央 | 牙 | 月 |
| 业 | 亚 | 州 | 爪 | 舟 | 禺 | 雨 | 于 | 也 | 严 |
| 夷 | 臾 | 尹 | 已 | 承 | 产 | 串 | 虫 | 巴 | 甘 |
| 夹 | 里 | 矛 | 皿 | 目 | 年 | 禹 | 乍 | 失 | 屯 |
| 心 | 四 | 卜 | 丙 | 白 | 刀 | 斤 | 卫 | 丐 | 山 |
| 再 | 秉 | 田 | 斥 | 弗 | 甫 | 飞 | 艮 | 井 | 韭 |
| 兼 | 吏 | 丘 | 申 | 矢 | 凸 | 曰 | 平 | 卞 | 必 |

**自学指南**

**30 字底舒展承托上部**

字底略偏右

心
平卧

皿　女

今天学习的三个字底一般都要写得宽扁，有承托上部之势。心字底和女字底还起到平衡字身的作用，宜写正，不然整个字就歪了。

**学练结合**

**心字底 08 分钟**

忘

心　心　心　心　心
忘　忘　忘　忘　忘
怎　怎　怎　怎　怎

三点呼应，卧钩的钩身宜平，出钩方向指向字心。

**皿字底 06 分钟**

盆

皿　皿　皿　皿　皿
盆　盆　盆　盆　盆
盘　盘　盘　盘　盘

竖画间距均等，左右两竖略内收，下横长略上凸，稳托上部。

**女字底 06 分钟**

委

女　女　女　女　女
委　委　委　委　委
妥　妥　妥　妥　妥

整体形扁，勿太高，横画长，下部的撇脚高捺脚低。

**实战演练**

第44页

**10 分钟**

忍　恋　总　益　盗　盛　姜　妻　娶

## 18 宝盖类字头横钩是重点

宝盖头属于天覆型的偏旁部首，书写时横钩要舒展，呈覆下之势。与之写法相似的有秃宝盖、穴宝盖。需要注意的是穴宝盖的下面两笔宜小，否则会影响下部笔画位置。

横长略上凸

**自学指南**

**学练结合**

### 宝盖头

**08 分钟**

宗

上点居中，横钩宜长，出钩方向指向字心。

宀 宀 宀 宀 宀
宗 宗 宗 宗 宗
宛 宛 宛 宛 宛

### 秃宝盖

**06 分钟**

军

写法类似宝盖头，省去上面一点，左侧的竖点略向外倾。

冖 冖 冖 冖 冖
军 军 军 军 军
罕 罕 罕 罕 罕

### 穴宝盖

**06 分钟**

穷

上面写法同宝盖头，下面两点应小，不宜离得太远。

穴 穴 穴 穴 穴
穷 穷 穷 穷 穷
空 空 空 空 空

**实战演练**

第43页

**10 分钟**

| 害 | 宵 | 家 | 冗 | 冤 | 冠 | 究 | 宛 | 窗 |
|---|---|---|---|---|---|---|---|---|
| | | | | | | | | |

## 29 字头含撇捺，宜伸展并对称

撇捺伸展　覆盖下部　下部上靠

当字头中含有撇捺时，一般属于天覆结构，上部宽而扁以覆盖下部，书写时要把撇捺尽量伸展，对称，下部笔画应尽量上靠，避免分离。

**学练结合**

### 条文头 08 分钟

备

上撇短小，横折撇的横画要短、撇画长，下撇与上撇角度一致，整体上紧下松。

### 春字头 06 分钟

春

三横等距，横画略上斜，撇捺伸展盖下。

### 父字头 06 分钟

爷

上两点宜小，下部撇捺伸展，交叉点位于字的中轴线上。

**实战演练**

👉 第43页

10 分钟

| 各 | 条 | 务 | 秦 | 奉 | 春 | 斧 | 釜 | 爹 |
|---|---|---|---|---|---|---|---|---|
| | | | | | | | | |
| | | | | | | | | |

## 19 左旁竖画宜用垂露竖

自学指南

在左侧的偏旁有竖画时宜用垂露竖，如单人旁、双人旁、示字旁等。这类偏旁在左侧不宜写得太宽，注意左右两部分的搭配，同时竖画的长短要与右侧搭配协调。

竖于斜撇的中下部起笔

垂露竖

**学练结合**

| 单人旁 | | | | | | |
|---|---|---|---|---|---|---|
| **08** 分钟 | 保 | 亻 | 亻 | 亻 | 亻 | 亻 |
| | | 保 | 保 | 保 | 保 | 保 |
| 撇画在上勿太长，竖在撇的中下部起笔。 | 伙 | 伙 | 伙 | 伙 | 伙 | 伙 |

| 双人旁 | | | | | | |
|---|---|---|---|---|---|---|
| **06** 分钟 | 往 | 彳 | 彳 | 彳 | 彳 | 彳 |
| | | 往 | 往 | 往 | 往 | 往 |
| 第二撇对准第一撇中间下笔，略长，竖画用垂露竖。 | 行 | 行 | 行 | 行 | 行 | 行 |

| 示字旁 | | | | | | |
|---|---|---|---|---|---|---|
| **06** 分钟 | 礼 | 礻 | 礻 | 礻 | 礻 | 礻 |
| | | 礼 | 礼 | 礼 | 礼 | 礼 |
| 横撇的转折处在首点的正下方，右侧的点靠近竖的起笔处。 | 祖 | 祖 | 祖 | 祖 | 祖 | 祖 |

**实战演练**

| | 偿 | 份 | 做 | 待 | 街 | 征 | 社 | 祥 | 神 |
|---|---|---|---|---|---|---|---|---|---|
| ☞ 第43页 **10** 分钟 | | | | | | | | | |

## 自学指南

# 28 字头宽窄因字而异

字头的宽窄要视下部大小而定，下小则上宽，下大则上窄。所以在书写此类字头的字时，应先考虑下面部分的大小再决定字头的宽窄。

## 学练结合

### 草字头

**08** 分钟

芳

艺

整体上放下收，横画略扛肩，上下对正，不可偏离。

### 竹字头

**06** 分钟

笔

笋

左低右高，大小基本一致，注意两部分的距离不宜太大。

### 点横头

**06** 分钟

京

亢

上点居中，点横可分可连，横画略上斜。

## 实战演练

👉 第 43 页

**10** 分钟

| 萧 | 花 | 菜 | 等 | 竺 | 答 | 充 | 衣 | 高 |
| --- | --- | --- | --- | --- | --- | --- | --- | --- |
| | | | | | | | | |

## 自学指南

# 20 点多的偏旁形态各异

　　由点组成的偏旁书写时要注意各点的大小、角度的区别，不可写得一样，尤其是四点底的四个点。同时要注意各点之间的距离要适当，太近则显得拘谨，太远则形散神亦散。

| 两点水 | | | | | | |
|---|---|---|---|---|---|---|
| **08** 分钟 | 次 | | | | | |

　　上点小下点大，两点上下呼应，右侧对齐。

## 学练结合

| 三点水 | | | | | | |
|---|---|---|---|---|---|---|
| **06** 分钟 | 海 | | | | | |

　　上两点稍小，下部提画角度略斜，三笔呈扇形排列，切忌在一条直线上。

| 四点底 | | | | | | |
|---|---|---|---|---|---|---|
| **06** 分钟 | 点 | | | | | |

　　四个点大小不一，间距均等，在字底有托上之势。

## 实战演练

| | 冻 | 冯 | 冶 | 法 | 洁 | 汁 | 然 | 焦 | 照 |
|---|---|---|---|---|---|---|---|---|---|
| 第43页 **10** 分钟 | | | | | | | | | |

## 自学指南

# 27 笔顺正确书写顺畅

注意重心
末捺变点

火字旁、车字旁和竖心旁这三个偏旁要注意笔画的先后顺序，只有笔顺正确了书写起来才顺畅，也更容易与右边部分衔接。

车 忄

## 学练结合

### 火字旁

**08** 分钟

灯

| 火 | 火 | 火 | 火 | 火 |
| 灯 | 灯 | 灯 | 灯 | 灯 |
| 炮 | 炮 | 炮 | 炮 | 炮 |

左点稍低，第三笔为竖撇，第四笔捺改写为点，以让右部。

### 车字旁

**06** 分钟

轴

| 车 | 车 | 车 | 车 | 车 |
| 轴 | 轴 | 轴 | 轴 | 轴 |
| 较 | 较 | 较 | 较 | 较 |

短横、撇折的横画和末笔提画均左低右高，竖画用垂露竖。

### 竖心旁

**06** 分钟

忙

| 忄 | 忄 | 忄 | 忄 | 忄 |
| 忙 | 忙 | 忙 | 忙 | 忙 |
| 忧 | 忧 | 忧 | 忧 | 忧 |

左侧点画取竖向，右侧点画取横向，注意左右两点的位置。

## 实战演练

**10** 分钟

第43页

| 烽 | 炸 | 炝 | 轻 | 轨 | 辅 | 怡 | 怀 | 恨 |
|---|---|---|---|---|---|---|---|---|
|   |   |   |   |   |   |   |   |   |
|   |   |   |   |   |   |   |   |   |

## 自学指南

# 21 左包耳小，右包耳大

包耳的写法一般要根据左右位置的不同来决定其大小。当包耳在左时，耳钩应写得小巧，而当包耳在右时，耳钩应写大。居右的包耳一般比居左的包耳位置稍低，与右包耳相似的还有单包耳。

垂露竖 卩

卩 卩

## 学练结合

**左包耳**

**08 分钟**

陈

卩 卩 卩 卩 卩 卩
卩 陈　陈　陈　陈　陈
陌 陌　陌　陌　陌

竖用垂露竖，右部的横折弯钩宜小，位置略居上。

**右包耳**

**06 分钟**

那

阝 阝 阝 阝 阝 阝
阝 那　那　那　那　那
郑 郑　郑　郑　郑

竖用悬针竖，右部的横折弯钩宜大，位置低于左侧。

**单包耳**

**06 分钟**

印

卩 卩 卩 卩 卩 卩
卩 印　印　印　印　印
却 却　却　却　却

竖用悬针竖，右侧的横折钩折角宜方而有力，位置居于右下方。

## 实战演练

| 阴 | 阿 | 随 | 郊 | 邦 | 郎 | 部 | 卸 | 即 |
|---|---|---|---|---|---|---|---|---|
| | | | | | | | | |

☞ 第 43 页

**10 分钟**

## 自学指南

# 26 土部底横变化大

形略狭长 土 右对齐

土部作字旁、字头、字底时，其变化主要表现在底横的写法上。作字旁时宜窄，底横变为提。作字头时底横要略扛肩，宜长而劲挺有力，以盖住下部。作字底时底横要写得长而平稳，以稳住整个字的重心。

土　土

## 学练结合

**土字旁**

**08** 分钟

塔

土　土　土　土　土
塔　塔　塔　塔　塔
城　城　城　城　城

横画宜短不宜长，注意右侧对齐，位居字的左上方。

**土字头**

**06** 分钟

袁

土　土　土　土　土
袁　袁　袁　袁　袁
赤　赤　赤　赤　赤

两横长短变化大，横间距宜小，在上有盖下之势。

**土字底**

**06** 分钟

至

土　土　土　土　土
至　至　至　至　至
圣　圣　圣　圣　圣

上横短下横长，竖不宜长，整体形扁，注意竖画位于字的中轴线上。

## 实战演练

👉 第43页

**10** 分钟

| 填 | 塌 | 垮 | 幸 | 去 | 老 | 坠 | 坚 | 尘 |
|---|---|---|---|---|---|---|---|---|
|   |   |   |   |   |   |   |   |   |
|   |   |   |   |   |   |   |   |   |

# 22 月部位置不同宽窄不同

自学指南

月部在字中可在字左、字右、字下,它的宽窄略有不同。同时注意"月"在不同位置时竖撇的变化。

等距 月　左右等高

月　月

**学练结合**

## 月字旁(左旁)

**08 分钟**

服

整体瘦长,竖撇伸展,内部两横可变为两点。

月　月　月　月　月
服　服　服　服　服
胁　胁　胁　胁　胁

## 月字旁(右旁)

**06 分钟**

朝

月在右边时要与左部相呼应,竖撇不宜太过伸展,以免与左部笔画相冲突。

月　月　月　月　月
朝　朝　朝　朝　朝
朗　朗　朗　朗　朗

## 月字底

**06 分钟**

胃

"月"作字底时不可大,撇画变竖,内部两横等距、上靠。

月　月　月　月　月
胃　胃　胃　胃　胃
背　背　背　背　背

**实战演练**

| 肢 | 肤 | 肺 | 期 | 棚 | 糊 | 骨 | 脊 | 膏 |
|---|---|---|---|---|---|---|---|---|
| | | | | | | | | |

☞ 第 43 页

**10 分钟**

自学指南

## 25 日部位置不同肥瘦各异

整体窄长　横间距相等　末横变提

日部在字中可以作为字头、字旁和字底。作字旁时三横均短，末横变提以启右部。作字头和字底时，均宜扁而宽，其中作为字头的日部应上宽下窄，上横长于末横，而作为字底的日部通常三横基本等宽。

学练结合

**日字旁**

**08 分钟**

时

整体窄长，末横变提，横间距相等，位居左上方。

日 日 日 日 日
时 时 时 时 时
明 明 明 明 明

**日字头**

**06 分钟**

昆

三横平行等距，形扁宽，中横在框内居中且不与左右相接。

曰 曰 曰 曰 曰
昆 昆 昆 昆 昆
昊 昊 昊 昊 昊

**日字底**

**06 分钟**

音

横画等距，中横在框中不接右，右侧的竖画略长于左竖。

日 日 日 日 日
音 音 音 音 音
昔 昔 昔 昔 昔

实战演练

☞ 第43页

**10 分钟**

| 晌 | 昨 | 暗 | 晃 | 早 | 显 | 旨 | 曾 | 晋 |
|---|---|---|---|---|---|---|---|---|
|  |  |  |  |  |  |  |  |  |
|  |  |  |  |  |  |  |  |  |

**自学指南**

## 23 木部位置不同变化大

木
点起笔于
竖画中部
垂露竖

木 | 朩

"木"在字中由于位置不同，写法也不相同，切勿混淆。作字头时撇捺宜伸展，呈覆下之势；作左旁时一般不宜宽，捺变点以让右部；作字底时宜宽，以托上部。重点是掌握不同位置时撇捺的变化。

**学练结合**

| 木字旁 **08** 分钟 | 村 | 木 | 木 | 木 | 木 | 木 |
| | | 村 | 村 | 村 | 村 | 村 |
| | | 权 | 权 | 权 | 权 | 权 |

横短上斜，竖用垂露，撇起笔于横竖交叉点，右点位于竖画中部。

| 木字头 **06** 分钟 | 杏 | 木 | 木 | 木 | 木 | 木 |
| | | 杏 | 杏 | 杏 | 杏 | 杏 |
| | | 李 | 李 | 李 | 李 | 李 |

字形略扁，下部小则撇捺伸展如"杏"，下部大则撇捺收敛如"李"。

| 木字底 **06** 分钟 | 朵 | 朩 | 朩 | 朩 | 朩 | 朩 |
| | | 朵 | 朵 | 朵 | 朵 | 朵 |
| | | 染 | 染 | 染 | 染 | 染 |

横画长而略斜，中竖不宜过长，可带钩，撇捺变为两点。

**实战演练**

| 档 | 检 | 楼 | 查 | 杳 | 某 | 荣 | 桌 | 架 |
|---|---|---|---|---|---|---|---|---|
| | | | | | | | | |

☞ 第43页

**10** 分钟

自学指南

# 24 米部位置不同高矮不同

处于不同位置的米部，在写法上也不尽相同。作字旁时宜窄宜高，捺变点以让右，左右占位基本均等。作字头时不宜过高，要上松下紧，撇捺收敛。作字底时宜宽不宜高，上紧下松，撇捺舒展。

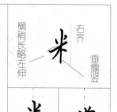

横稍长略左伸　右齐
垂露竖
米
米　米

学练结合

**米字旁**

**08分钟**

粗

横稍短略上仰，竖画用垂露竖，下部的撇画宜短，右侧对齐。

米　米　米　米　米
粗　粗　粗　粗　粗
粘　粘　粘　粘　粘

**米字头**

**06分钟**

类

整体宜小，四点聚集在横竖交叉点的四周，位居字上正中。

米　米　米　米　米
类　类　类　类　类
娄　娄　娄　娄　娄

**米字底**

**06分钟**

粟

整体宽扁，上紧下松，下部撇捺舒展。

米　米　米　米　米
粟　粟　粟　粟　粟
桨　桨　桨　桨　桨

实战演练

| 粉 | 粑 | 糅 | 籽 | 料 | 粪 | 邻 | 糜 | 粱 |
|---|---|---|---|---|---|---|---|---|

☞ 第43页

**10分钟**